机上論のおもてなし不要論

棚村健司・著

未来総研プロジェクト

この本を手にした読者の皆さんへ
――まえがきに代えて

本書は、これまでビジネスの現場で経験し、感じてきた事をまとめたもので、私のビジネス感覚の核心に触れています。

私には「正しいことはシンプル」という信条があります。

そのため、わかりやすくどこにでもあるコトバを、深掘りしています。

しかし「シンプルなものほど難しい」というのも事実です。

成長・進化・継続を求めていくうえで、どの年代の方でも自分自身の解釈で本書の内容を、繰り返し読んでいただくことが、本書の利用価値だと思っています。

思考や行動のなかで、複雑に絡みあう状況や環境があったとしても、「これを一言で言ったら何?」「解決の策は?」と、核心に向かうために、様々な要素を削ぎおとしていく作業は、必ず必要になります。

そうするためのヒントが、本書のコトバに込められています。

ベースになったのは、私が経営する7店舗の携帯ショップのメンバーに向けて制作した、「思考・行動基準」や「ガイドブック」など5つの資料です。

その中の、重要でよく使うコトバをメンバーと選び「感動ショップ100のコトバ」という資料にまとめました。

その結果、メンバーとの間で「共通認識」「共通言語」になり、その効果も大きく、今では会社や業務の「軸＝ポリシー」に育っています。


いつもメンバーたちに話すことに、「50％50％」という言葉があります。

会社のポリシーが50％、個性が50％。つまり会社のポリシーをベースにして、そこに個人個人の良さが掛け合わさることで、限界のない可能性が生まれるという考え方です。

それを実践するためにも「共通言語」は大きな役割となり、個々の「軸」を一つずつ確立させていっています。


この本の全体の構成は、8章に分かれています。

それぞれが身近な内容として、感覚のすり合わせができるものがほとんどです。

「自分創り」「自分売り」「全体像」「出すべき結果」「5つの格下げ」「5つの格上げ」「3つの自戒」です。段階的な切り口から、皆さんの立場や経験を思い起こしていただき、私と共同作業のように読み進めていただければと思います。

本書では、「感動ショップ100のコトバ」の中から、特定の業務に偏していない77のコトバを厳選しています。

その結果、本書は万能だと言えます。

この中には、ほかの啓発本や名言集などのすべてを支える基本がラインナップされており、目的が「思考＝行動基準＝行動」と、明確です。

本書を手にした読者の皆さんが、この本を読むことで思考や行動を変化させ、本書を万能にしていく、という言い方が正しいかもしれません。

ここには、当たり前のことが多く書いてあります。

「そんなことわかっているよ」と感じたときは、第7章の3つのコトバを読んでください。

そして元のページに戻ってください。

それによって本書の価値をわかっていただけるのではないかと思います。

ここで、私の経歴に触れましょう。

私は広告代理店に12年間勤務後、セールスプロモーション系の広告企画会社を設立して独立。主な業務はマーケットを席巻していた携帯電話関連の販促企画でした。

同じものを扱っていても、様々な立場（事業者・代理店・店頭・イベントスタッフ）での対応の違いや、意識の持ち方や、仕事の仕方など、本当に多くのことを学ぶことができました。

その経験を活かして、業績悪化で閉店直前のショップの運営を請け負い、都内で約１８０位のショップを、１か月で5位までに引き上げることに成功しました。

その後もショップ再生を約50店舗おこない、自社で請け負う店舗も7店舗までになりました。

それら業績を改善していく中で「軸」として繰り返し訴求していたのが、本書にあるコトバです。

「机上論」は便利です。

一定の理想の型にはめて、出来ているかどうかが図られるだけです。

それは本当に「自分らしい」のでしょうか?

さまざまな環境や意識、価値観を持った人が同じ業界や職場にはいます。みんなバラバラです。

しかし共通点はあります。「自分は大事」ということです。

机上論の型で人を見るのではなく、「大切な自分」を一緒に活かしていく環境創りを会社が50%用意することで、「自分」「仕事」を創っていけるのです。

成長するのは本人です。私は、みんなが成長し、変わっていける環境創りをしています。

そこでは「机上論」は比較対象でしか存在しません。

このような想いや背景から生まれたコトバを、ぜひヒントにしてください。

机上論のおもてなし不要論　目次

本書の読み方

こんにちは。はじめましてですね。

前書きにもあるような背景で構成されている本書は、各章の内容はもちろん、全体で大きくひとつの「思考・行動基準」になっています。

それぞれを関係付けながら、繰返し口にして行動していくことで自分のモノになっていきます。しつこいくらいに繰り返してください。必ず変化が生まれます。

その変化は、自分のモノとして価値化して継続してください。

では、最終章までお付き合いください。

第1章

自分創り

20語

この章は、本書の最も基本となる思考をシンプルにまとめました。

特別なコトバはありませんが、次章以降にも大きく関わるものばかりです。

今の自分の経験や感覚とすり合わせをし、私との共通認識を創るのが第1章です。

20のコトバがラインナップされていますが、読み進めると基本思考の連鎖に気づくと思います。これは「思考＝コトバ」がそれぞれを支え合う構造になっているからです。

点と線の視点で「自分創り」を捉えてみてください。

自分創り　1-01

「ありがとう」

ありがとう！
ありがとうございます!!
今日は何回言った⁉

人はひとりでは何もできません。ひとりでは感動も成長もなく、生きていくことすらできません。

自分のいる環境の中で「背景」のないものは何もなく、すべてに「時間」「手間」「想い」が存在することを忘れてはいけません。

その中にいると考えたら、「ありがとう」ほど自分を表現できるコトバはないのではないか？　と、いつも考えています。

伝えなければ伝わらず、伝えられて初めてわかることもあります。相手の立場や視点になって先まわりをして「ありがとう」を探しにいくことが本質で、それが本当に人を支えていくものだと思います。

ひとつひとつを丁寧に捉え、気持ちを柔軟にしていくことで「ありがとう」はより存在意義のある自分の「武器」になっていくのではないでしょうか。

「ありがとう」は万能です。一日に何回言っていますか？

「素直さ」

どの心が言ってる？
どの耳で聞いてる？

相対する相手への向き合う姿勢の基本です。

人から良く見られたい。仕事ができると思われたい。など誰にでもある意識と思いますが、これは小手先でコントロールできるものでしょうか?答えは「できる。」だと思います。

ただし、一過性のコミュニケーションの場合に限定されます。


社内や取引先を問わず、共有する時間が多くなるほど「素直さ」が見られ方に差をつけていきます。

仕事の内容に関わらず、「どういう相手と仕事をしているのか」は重要です。結果的に自分自身の仕事環境の質に関わるからです。

仮に経験値やスキルが不足していても、それを補えるのが「素直さ」であり、「感謝」です。その時の自分の身の丈に合った平準を保つことが大事です。

まずは、受入れてもらいたければ先に受け入れましょう。求めるなら先に応えましょう。

あなたは素直ですか?
見栄やプライドに振り回されていませんか?

自分創り　1-03

「本質・核心」

それ、ひと言でいったら何？

ものごとの本意がはっきりしない時は必ず「ひと言でいったら何？」と投げかけます。様々な物事には根本的、潜在的な原因と結果があるので、その要素を追究していくことが近道です。しかし、目に見える事象に振り回されてしまい、思考や行動がブレてしまうこともよくあります。

「自分創り」においては、まずは表面的な対策すべきことと、本質・核心的なことを整理し、それぞれの解決策を模索してみましょう。

ポイントは時間と質で、いつまでにどの様な結果を求めるのか設定が重要です。特に「本質・核心」は自分と向き合い、葛藤があるため時間がかかります。

なりたい自分をイメージ出来たら、日々の小さな行動ひとつひとつを丁寧に見直してみましょう。

日常の「あたり前の質」を意識的に向上させていくことが、「本質・核心」を確かなものにしていく上では大きな意味を持ちます。

あなたの「あたり前の質」は？

「おもてなし」

机上論の「おもてなし」
なんかはいらない!!
借り物で分かった気になってると
自分の良さを見失うぞ！

カタチだけの「おもてなし」が溢れています。そこには隙が見え隠れし、中途半端な場面によく出会います。ここでいう「おもてなし」は心でしかできない、自分でしかできないものを指しています。

人を想い、人に苦しみ、人に喜び、人に磨かれて存在意義が高まっていくことで、相手の心に届く素直な「おもてなし」ができる自分が創られていきます。

「おもてなし」は「寄り添い」「ひと手間」「先まわり」から成り立っていて、その先に「存在意義」が生まれると考えてます。そしてそれを支える意識が「貢献欲求」と「承認欲求」です。これが相対する方への核心です。

会社や誰かに言われたからではなく、今の環境で身を立てていくのであれば、「おもてなし」は必然の思考と行動ということです。そしてこれを継続していくことが自分創りでは一番難しいことです。

カタチだけの「おもてなし」になっていませんか？
そこに貢献と承認が成立する自分はいますか？

「寄り添っているか」

「寄り添い」とか言う前に
寄り添いに気づいてるか？
それが寄り添いの第一歩だぞ!!

「おもてなし」の大きな要素で、自然に受け入れ、受け入れられる関係づくりを指します。人としての行動基準として多くを支える重要なものです。「素直さ」が活かされることも多く、自分のあり方を行動で示すことを指します。

様々な相手と接する場合、容姿や服装、言葉遣いや雰囲気で多くを察することはできます。しかしここでいう「寄り添い」は継続が前提なので、見えない部分までを自ら取りに行くつもりで接することが重要になります。

相手のニーズの背景を汲み取ることはもちろん、相手の人生や経験も踏まえたコミュニケーションをとることも必要になります。その内容は必ず次回に活かしていけるのです。気持ちが前提となり、相手の立場に立った広い視点で「良かれ」を繰り返すことや、勉強させてもらっている。という気持ちが「寄り添い」の第一歩です。

何より、寄り添いに気づくことで感性や行動が磨かれていきます

寄り添っていますか？
「してあげている」と思っていませんか？

「寄り添いに気づくか」

してもらってることや
環境をあたり前だと思うな!!
全力で応えろ!!
そのうち無くなるぞ!!

相手からの寄り添いに気づくことが、最大の寄り添いです。
寄り添いは受け手がその意味や価値を決めるので、独りよがりな思いや判断をすることは押し付けになります。一歩引いた感覚の心地よさが大事です。

まずは、寄り添ってもらえた自分で良かったと感じましょう。
そして、寄り添いに気づけた自分で良かったと感じましょう。
そして、「ありがとう」と繰り返しましょう。
そして、寄り添ってもらったことは忘れずにいましょう。
つぎは、小さなことでも寄り添った行動でお返ししましょう。
そして、相手の背景まで含めた寄り添いをお返ししましょう。
そして、自分がした寄り添いは忘れましょう。続けましょう。忘れましょう。

それが自分の「あたり前」になっていきます。

寄り添いに気づいていますか？
あたり前に思わず、「ありがとう」と言っていますか？

「ひと手間」

ひと手間がないから
薄っぺらくて感動がない!!
ただやっただけで、
そこに意志や存在感はあるのか!?

「おもてなし」の行動要素ですが、その背景にある思考や視野がすべて表現されるため、良くいえば信頼感、安心感へつながっていきます。

この小さなひとつひとつの積み重ねが、まさに「あなた」として認識されていき、必ず大きな差になって返ってくるものです。

相手の立場に立って、役立つ、助かる、嬉しい、などにつながる適切な「良かれ」の行動です。

立場のある方で、周りが動くことが多い環境であっても、結果的にその方が欠かさず「ひと手間」をかけているケースを見受けます。

この方は「ひと手間」が「あたり前」になっていて質も高いのです。だからこそその立場にいるのが必然なのだと感じます。

小さな差がいずれ大きな差になります。相手のための「ひと手間」は結果的に自分の成長への「ひと手間」でもあります。

ひと手間の背景は思考と視野。
将来の自分にもひと手間かけていますか？

自分創り 1-08

「先まわり」

先まわり出来ないのは
「今」が見えてないから
相手や自分が見えてない証拠!!
自分がやる意味は!?

「おもてなし」のもうひとつの行動要素で、「良かれ」はもちろん、相手が何を望み、何が適切かを見極めて先のための行動をしていくことです。
大切なのは、今どういう局面にあって何が求められるかに気づけるかです。
「ひと手間」にも通じる思考や視野、選択肢のうえに成り立つ行動です。

特に計算をしなくても「先まわり」を続けることで、流れをリードしていくことができ、自然と自分の存在意義が明確になっていきます。

相手に対して「寄り添って」、「ひと手間」をかけ「先まわり」を継続していくことは、結果的にすべて自分創りへの布石となり、より豊かな人間関係や環境創りへとつながっていくのです。布石の数は選択肢の数になりえます。それは自分の「存在意義」を創り、周囲の価値感と共存していくものになっていくのです。

将来の「存在意義」のため、自分への「ひと手間」「先まわり」していますか？

「人は変われる」

「自分はこうだ！」もいいけど
それは一生モンか？
もう完成品？　それで完成形？
社会に通用してるんだっけ？

「人は簡単には変われない」とよく言われます。

それはマイナス面を取り上げたときの表現だと思いますが、逆にプラス面の場合ではどうでしょう？

「変わる」ということは、「経験をする」ことで得られます。その経験は両極端ですが「武器を磨く」か「不得意を克服」するかだと考えます。

武器を磨けば「一点突破」力が高まります。これは自分の輪郭を上に伸ばします。不得手を克服すれば「新しい自分」が生まれます。これは自分の輪郭の底辺が上がります。

この様に自分の「今」の輪郭を楽しみながら変化させていくことが、「新しい自分創り」になるのです。変わるのは環境でも周囲でもなく自分です。

自分創りしていますか？
あなたは変われますか？　変化を楽しんでいますか？

自分創り　1-10

「不安しかない」

先が見えないから不安なんだろ？
どうしたら見えてくる？
全体像を把握して
「出口」と「向かい方」の
知恵を出すしかないぞ!!

不安しかないのは経験が少ない局面で「見えていない」からです。しかしヒントは多くあります。

身の回りで起きることで前例がないことはさほど多くありません。過去の自分の経験とすり合わせて、経過や質や結果などの接点をつないでいくことである程度は解決します。また「できない」ではなく、「やり方」を考えることでしかその感情は収まりません。結果的に緊張感と集中力が高まり、楽しく、自分創りに役立っていきます。

しかし、考え方ひとつで意外とシンプルに進むものです。

分からなかったら「聞く」ことや「巻き込む」ことでスピードも質も上がります。大事なのは「やり切った」時をイメージし、それを「今となっては」と振り返っている姿を今に重ねることです。

これで入口から経過、出口まで大まかに自分の姿が「見えて」きませんか？

「不安しかない」状況。楽しんでいますか？

「まずはやってみる」

「できない！」って決めるより
「やる！」って決めた方が
楽しくないか⁉
簡単だぞ「決めるだけ」‼
あとは「やるだけ」‼

「新しい自分創り」をしているのに、知らず知らず勝手に線を引いて他人事にしていることはありませんか？「初めて」は誰にでもあります。

「まずはやってみる」ことで、苦しみながらも経験を重ね、新しい視点が持てたり、波紋が広がったりします。やらなければ実質的にはマイナスです。

課題が出てきたとき、チャンスと捉えるか、面倒と捉えるかで結果は変わります。チャンスは最初「チャンス」の顔をしていないことが多く、自分が動くことでしか活かせないものです。

「人は変われる」になぞらえると、変化やチャレンジのない成長はないと言えるでしょう。

私の知る人生の先輩たちは「チャレンジは修行」と、立ち向かえる環境に感謝しながら、楽しみながら、果てなく進化されています。決して分かった振りをせず、謙虚に変わろうとされている姿は「とにかくやる」と映ります。

チャンスとどう付き合っていますか？
チャレンジしていますか？

自分創り　1-12

「想いはかなう」

想いがあるなら口にしろ‼
とにかく動け！
どんどん巻き込め！
もっと動かせ！

「おもてなし」にしろ「新しい自分創り」にしろ、ここでは机上論を説いているわけではありません。

自分の「本質・核心」に触れながら「想い」を動かしていくことを重要とし、なりたい自分になるために、継続してコントロールしていく「想い＝自分」を説いています。

想うだけでは当然かないません。

「方向性」「量」「質」「ステップ」の４つの適切を常に意識し、自分の全体像と立ち位置を把握していくことが前提です。

かなえたい強い想いがあるから、失敗しても壁に当たっても続けられます。

続けることに失敗しても、壁の越えかたも覚えていきます。

知らないうちにそれが自分の習慣となって続いていきます。

少しずつ質が上がり、結果に近づいていきます。

課題が残れば、「想いがかなうまで」やり直せばいいだけです。

かなえたい想いはありますか？
新しい自分創りをしていますか？

自分創り 1-13

「輝く自分」

とにかく、先の輝いてる
自分をイメージすること!!
もっと先で役に立つ
「成功体験」「失敗体験」を
積み重ねろ!!

「先のための今」を過ごし「今となっては」と「想いはかなう」を実感し、次のスタート地点にいる状態で、「新しい自分」を指します。

自分の「持ち物」や「武器」を活かし、もしくは「不得意」を克服していくことで「輝く自分」に近づくことができますが、その過程では計り知れない「力」を得ることができます。

「吸収力」「発信力」「伝達力」「展開力」「影響力」「求心力」「存在感」、総じて「人間力」が必ず高まっています。さらに「情報感度」も上がり、様々なものが「水滴」「波紋」になっていく感性が備わっていきます。

この様な経験をすることで、様々な人の経験や感性や背景を察することができるようになり、冷静に相手を受入れ、受入れてもらえる「人」としての魅力が備わっていくのです。それは相手にも知らずと伝わっているものです。

いま輝いていますか？
次は何で輝こうとしていますか？

「やりきった感」

100%「やりきった」って
言い切れるか？
まだまだ40%!!
次は過程を変えれば
結果は変わるぞ!!

「まずはやってみる」のゴールとなるものです。ひとつの目標、目的を定めることは「やると決める」ことです。やりきって初めて価値や成長を確認できます。

その過程を振り返ると必ず「4つの適切」に加えて、「時間」と「質」が関係していることに気がつきます。

「やりきった感」はここまでの様々な要素を包括して「行程管理」と「品質管理」に裏付けられているのです。この2大管理要素はすべてに共通し、経験価値を高めていくうえで万能なこの要素は重視していくべきです。

同時に「やりきれなかった感」も経験できるといいでしょう。7割がそれです。またチャレンジしたい、さらに成長したい、と思う背景には必ず成功体験と失敗体験があります。どちらもその先の裏付けや武器になるもので、この経験や感動は「人間力」となり、周囲も刺激される理想のサイクルになります。

「行程管理」「品質管理」を意識していますか？

自分創り　1-15

「今となっては」

自分を冷静に客観視するには
ひと山越えなきゃな。
成功も失敗も、
全部この先のヒントに
なるから楽しみだな!!

様々なチャレンジや経験をしていく中で、その都度起きる課題や困惑、苦悩やギャップなど、「時間」「質」「想い」を超えて終えたときに生まれるとても価値のある感覚的な結果です。真髄を得た感覚ともいえます。

自分創りや成長過程での失敗はつきもので、その際の指摘や指導など理解しきれなかったりすることも多くあります。

「今となっては」と、冷静に振り返ることでその意味に気づいたり理解できたりするものです。自然にそうなる場合もありますが、あえて飲みこめなかったことを探して冷静に「取りにいく」ことも自分創りにおいては大切です。

この成功感覚は全体で見れば3割で、7割は反省や後悔の思いの方が多いのが現実です。しかし7割の捉え方次第で、将来の3割の質が変わっていくのです。

どちらに転んでも「今となっては」は自分創りを支えていきます。

真髄を得た成功体験していますか？
たくさん失敗をしていますか？

自分創り　1-16

「やり直しはできる」

「やりきった」からこそ
次に向かえるチャンスがある!!
次に活かせるか⁉
巻き込め！
いつでも聞きに来い!!

日々さまざまな物事が交錯していると、深い考察や振りかえりができない場合もあります。すべてではなくても一旦立ち止まってみることも必要です。

中途半端で次への糧やヒントにならないことを繰返していても、それは処理であって、自分が取り組む「本質」が見当たりません。

自分がやるからには・・・という自負や意志を持つことで失敗が活かされ、後押しする環境もついてきます。「今となっては」の7割からつながる自分で創りだすチャンス思考です。経験にもとづく「これから創り」です。

課題や反省点は堂々と表面化させ、解決していく「やり直し方」をすると、これまで以上に「巻き込む」相手の数や質が高まります。弱点を見せるということは、「武器」になっていきます。誰にでも苦手や弱点はあるので、隠すより共有しながら堂々と「やり直し」ていくことが、「自分創り」には近道で確実です。

立ち止まって、自分の本質で「やり直し」てますか？

「ひとつひとつを大切に」

近道はないぞ！
ひと手間！　先まわり！
凡事徹底だ!!
それでしか質はあがらない!!
遠回りは結果的に近道!!

「自分創り」において、どういう立場であれ、環境を少しずつでも変えていくこと、周囲を少しずつでも動かしていくことは可能です。考え方ひとつです。

今ある環境は簡単には変わりませんが、それは「誰か」がつくったものです。もちろん良い面もあるので、変えるよりも活かす視点が重要です。

まずは「凡事徹底」です。基本を押さえ続けることと、「ひと手間」「先まわり」を丁寧に継続することです。ここには環境や周囲は関係なく、すべて自分の範疇でできることです。相手を変えるには自分が変わる事が近道で、そこには見えていないチャンスが潜んでいます。

この継続はいずれ、「誰か＝あなた」が創った環境になるかもしれないのです。

なかには「型破り」や「異端」を志向するもいますが、これは型があるからの話で、「ひとつひとつを大切に」できなければただの「できない人」です。

自分の環境は自分で創っていますか？
自分創りは進んでいますか？

「あたり前の質」

その「あたり前」や「普通」は
どこのだれまで通用するんだ？
気分と都合の
独りよがりじゃないのか!?

「自分創り」で最も大きな変化となって表れるものです。

いかに「あたり前」のことを「あたり前」にできるかです。さらに求められる「あたり前」を図りながら自分の「質」を確認していきます。

継続して意識していくことで必ず「質」は上がりますが、人には「慣れ」や「慢心」があります。「そんなこと分かっている」と軽視し始める時も出てきます。

そして、「つもり」になって落とし穴にはまってしまうのです。

「ひとつひとつを大切に」することに終わりはなく、小さな変化を積み重ね、意識や概念を高めていくしかありません。その差が信頼感の差になっていきます。

自分の「最低ラインを上げる」という考え方です。

「質」を高めて維持するには、お互いに意識し合える環境になると理想的です。「あたり前の質」が上がった人がリードすれば効果は連鎖していきます。

「自分創り」は「あたり前の質」。つながりましたか？

「人間力」

自己申告の「人間力」なんか
アテにならない！
判断するのは周り！
解決力や創造力が
人を高めていくんだ!!

最終的に相手や環境に届く個々の「力」を指します。人を惹きつける魅力や、器量、寛容さなどとも言われる「人間力」はどの様に養っていけるのでしょうか？

簡単に結論付けられるものではありませんが、「自分創り」に向けた思考と行動の「量」と「質」だと考えます。

どれだけのことを考え、行動し、失敗し、やり直し、を繰返しているか、それを経験としていかに自分に取り込んでいるのか。その量や質により人間としての許容量は確実に増えていきます。決して机上論や真似事では身につきません。

その過程で必ず発揮されている「力」が2つあります。「解決力」と「創造力」です。社会で活躍している人には必ず備わっている「力」で、これも経験の「量」と「質」に裏付けられるものです。更なる「自分創り」にも欠かせません。

「解決力」と「創造力」を発揮していますか？

「権利と義務」

勘違いするな!!
気分と都合が入る余地はない!!
絶対的で　お互いの責任を
果し合う関係性だ!!

本章のすべてを支えるもので、このバランス感が将来をすべて握っているともいえます。絶対にはき違えてはいけない社会人の基本です。

自分で選んで入った会社です。ひとつひとつを大切に、「貢献欲求」を爆発させ、「承認欲求」を追求するのが「自分創り」で、義務を果たしていく姿なのです。求められる結果に応えることで主張は通りやすく、巻き込みやすくなります。「自分創り」の環境創りは、絶対的に「権利と義務」のバランスで進んでいくのです。

主語が「自分が…」ばかりで始まるなど、独りよがりになってしまうケースもありますが、そこはお互いで果たし合う立場関係を踏まえ、冷静にいきたいところです。待つのではなく、義務を自分事として捉えることが「自分創り」になり、これを勘違いすると、居場所にも影響しかねないことになってしまいます。

独りよがりになっていませんか？いい関係性を築けていますか？

第2章 自分売り 20語

ここまででは「おもてなし」をするための「自分創り」について構造的にすすめてきましたが、第2章ではビジネスにおいて自分をいかに高めていくチャンスがあるかを20のコトバで説いていきます。

前章と同様にさまざまなコトバが関連しあいながら展開していきますので、自分の経験や思考とすり合わせて、イメージを広げてください。

「自分売り」

何を売ってる⁉

私はセミナーや研修会で参加者に「何を売っていますか？」と投げかけます。もちろん商品やサービスで間違いではないのですが、「誰が売っても売れますか？」とも聞きます。「売る」背景にある、さまざまな自分だけのチャンスを感じているかを確認するのです。

多くの商品やサービスはお金の手前には「人」が介在し、嫌われれば売れず、自分が売れれば商品も売れていきます。結局は「人」でしかないのです。

いかに「貢献欲求」と「承認欲求」をもって臨んでいるかは、相対すればすぐにわかりますし、会社のブランドを自分の力と勘違いしていると、本質には程遠く「自分売り」は成り立ちません。

マニュアルに偏りすぎると「売れればいい」と見透かされます。小手先のテクニックである程度売れたとしても、それは続きません。「心」には敵わないのです。

「自分売り」は拡大連鎖のチャンスです。商品は「自分」です。

あなたは何を売っていますか？自分創りの過程や結果を提供していますか？

「意志」

「意志」は明確？
やり切る覚悟は？　方法は？
途中で勝手に線引いて、
都合のいい居場所つくるなよ!!

例えば仕事でいえば、仕事を続ける上での長期的な「意志」。昇進するまでなどの中期的な「意志」。現在の業務に取り組む短期的な「意志」。があります。

それらを支えるビジョンと時間軸はそれぞれ違い、日々の行動によってこの結果にしたいという想いが長・中・短期で重なりあっていきます。

それらの全体を把握しながら随時修正していくことで、より確固たるものになり、自分を支えていくのです。

「意志」は「想い」にも通じます。まさに自分と「向き合う」ことであり、「本質・核心」を明確にし、高めてやり切っていくことです。

「意志」を固めた時点で「責任」になり、思考と行動の基準となって動き始めます。そこに「意志」の構成要素の「大・中・小」と「長・中・短」の視点を加えてみると、優先度合いや基準が整理しやすくなります。

堅い意志。選択肢のある柔軟な意志。使い分けていますか？

自分売り 2-03

「主体性」

このハナシの主役はダレ？
表面で取りさばかずに、
中でコントロールしろよ!!

関わることの中心は必ず自分です。

日常的にやっていることで、誰にでも備わっているものですが、結果から見たときその意識の継続は「差」は大きくなって表れてきます。

「主体性」は一般的に基準が一人称として認識される傾向にありますが、「おもてなし」の観点で考える「主体性」は二人称以上になります。

それは相手があってこその自分が、どう存在意義を創り高めていくかを、「意志」と共に表現していくからです。「他人事を自分事」にする考え方です。

組織に属し、なぜここにいるのか。何のためにいるのか。立ち位置はどこなのか。と感じる時もあると思います。群像の中にいる自分をどのようにして際立たせていくかは、主体性でありながら他人事が重要です。

自己主張だけではなく、「責任を持つ」ことと一体です。

広い視野で多くを取り込んだ「主体性」。持っていますか？

自分売り 2-04

「覚悟」

決めた？
覚悟できてるか？
そのうち無かったことにするなら、
今のうちにやめとけよ！

「なりたい自分になる」と決めたら、何があってもやり切ります。

個人として、組織としてそれぞれの解決のレベルはありますが、結果に向けて一貫して重要なのは「やり切る気持ち＝想い＝意志」です。


一般的に「覚悟」というコトバには重さや圧力を感じますが、個人的には「覚悟」することには抵抗はなく、何かが始まる楽しさが先行します。

「覚悟」は結果なので、その手前の「決める」過程の方がよほど慎重で重いと思います。言い換えると「覚悟するのは簡単で自然。決めたから。」となります。

「覚悟＝決める」の状態になると、「あとはやるだけ」です。課題は「決める」際に想定できているので、クリアすることに全力です。

重い言葉の背景を整理し、「・・するだけ」と捉えれば楽になります。

「覚悟」とは「課題解決」を継続することです。

「覚悟」する過程や、「覚悟」してからを楽しんでいますか？

「執着心」

「覚悟」を支えてるものは何⁉
揺らがずに突き進める力は
どこから出てくる⁉

「覚悟」を支える心を指します。

「執着心」は「長・中・短」の時間軸に加え、ベーシックな要素とインパクトの要素を持ち合わせています。

日々の中長期的な「意志」で臨んでいる時には、着実で安定的な「ここは外さない」という執着が出ています。蓄積型（ベーシック）の執着心です。

また1か月で実績を引き上げる！などの短期的な「意志」には、瞬発力のある「これは絶対やり切る」という執着が出てきます。短期決戦型（インパクト）の執着心です。

総じて、「執着心」は「自分創り」「自分売り」をしていく上での継続したベース形成になり、「あたり前の質」が自然と高まっていきます。

また、群像の中の自分に対して目を向けることで先を創っていくことができます。

「執着心」は「チャンス」に巡り合い「チャンスに気づく視点」も得られるため、その先の「解決力と創造力」を生み出すものにもなっていきます。

「執着心」を「自分売り」に活かしていますか？

自分売り 2-06

「持ちもの・武器」

持ちものは何⁉

それは「一点突破」

できる精度か⁉

「○○さんといえば△△」といえる特長で、個々の象徴的な「自分売り」のポイント、得意分野、良さを指します。

「あなたの持ち物は？」「持ちもの検査」などでコミュニケーションにも使います。

「持ちもの・武器」は過去から蓄積されたものなので、良いものは残しながら磨き続け、新たに「持ちもの・武器」を創ることも同時に試みていくことが「自分創り」を早めて高めることになります。

自分の「持ちもの・武器」を改めて確認すると、価値創り、自分創り、仕事創り、会社創りの、どこで発揮できるのかが見えてくるかもしれません。

今はなくても、活かしどころの「出口」を探す意識があれば必ず見つかります。

今あるものに慢心せず、質と幅と深さを追求していきましょう。

「あなたの持ちものは？」それは「自分売り」に活かせていますか？

自分売り 2-07

「一点突破」

ここぞと思ったら
自分の武器で一点突破しろ！
背景を把握して
全体像が見渡せれば
責任は持つ！

すべてに長けたオールラウンダーになるのは難しく、50％の個性（持ちもの・武器）の究極の活かしどころはまさに「一点突破」の局面です。

必ず解決できる、解決しやすい、可能性が高い、勝ちやすい、など専門性や特異性を活かすことで「自分売り」の花道を創ることができます。

それは解決力が高く、スピードと決定力が伴っています。

組織で見ると、この様なメンバーに恵まれると確実に「総合力」が高まり、それぞれが影響や作用しあうことで新たな創造につながっていきます。

結果的に多彩な「持ちもの・武器」を備えた組織になり、個々の価値を承認しあいながら「自分創り」の環境ができあがっていきます。

「一点突破力」が足りないと感じても急ぐことはありません。局面に応じたチャレンジを「継続」する中から生まれてきます。

強みに集中できていますか？　精度高く、勢いのある突破力ですか？

「貢献欲求・承認欲求」

相手との関係は
何で保たれてる⁉
存在意義はどう創って
どう確認する⁉

「おもてなし」を支える重要な要素で、執着心を感じるものです。

これは、人と接することでしか生まれず、「自分創り」を高める意識と共に自然に出てくる欲求です。「自分売り」を目指していないと押しつけになり、自分のあり方や相手の受け止め方にも左右されるものです。

自分対相手でいかに受け入れてもらい、必要とされるか。「会えてよかった」と感じてもらえるか。「また一緒に」と次があるか。

「貢献」の先にはさらに質の高いコミュニケーションが「相互承認」のうえに成り立っていきます。

その先にはより「自分」を表現しながら相手との親密度や距離感を縮めていくことができますし、それを「ひとつひとつを大切に」積み上げていくことは必ず将来の「承認」につながっていきます。

「私に何が提供できるか」、「成果を認めてほしい」の欲求はありますか？

「取りに行く」

また受け身か‼
与えられて選ぶな‼
自分事なら取りにいけ‼

「先まわり」することで多くを「自分事」にする思考と行動を指します。「取りに行く」のに、まずは「全体像の把握」だと考えます。これでその場に応じた目的が定まり、「必要なもの＝取りに行くもの」が明確になります。

同時に「先が見えている」ということが強みになり、的確に進行できます。

与えられた環境や条件などもあるでしょうが「受け身」ではいけません。取りに行って得たものと、与えられたものではそもそも差があります。

「取りに行く」とは「聞く」ことでもあり、そこに「自分」なりの感覚や感性が表れます。やり取りに「ひと手間」「先まわり」があると流れを主導でき、「行程・品質管理」はもちろん、「自分創り」に大きく貢献していきます。

これは個人差がかなり出るところだと思っています。情報やチャンスに対する「感度」や「嗅覚」ともいえ、広がりを創るうえではとても重要な感性です。

情報感度、チャンス感度、磨けていますか？

自分売り 2-10

「先のための今」

過去の結果が「今」なんだけど、
「今」やってることの先に何がある⁉
適切な量と質は見えてるか？

先のために「今」をどの様な「量」と「質」で過ごしていくかを指します。「取りに行く」のと同様に「全体像の把握」を時系列でできていることが不可欠です。何のためにやっているのかを認識できなければ意味はなく、先のために自分を投じる価値はありません。時間の切り売りです。

目的は何で、いつまでに、どの様な品質で、どの様な手法で、誰を満足させるのか、それをどういう役割で取り組んでいるのかを「今」に投じることがすべてといえます。これが希望や自信になって「自分売り」につながっていきます。

今しか見えていない人は、その場しのぎで慌ただしく、言い訳や批判、保身的な言葉が増えます。「先」に向かうのではなく、「今」に追われているのです。「先を創る」ということは「今創り」であり、それは「自分創り」です。「自分が売れていく」ためには、時間と質をバランスさせていくことです。

自分を時間軸で見ていますか？
「今」に希望や自信はありますか？

自分売り 2-11

「立ち位置・居場所」

どこにいる？
社歴や役職なんか関係ないぞ⁉
どこでどういう存在感だしてる？

群像の中で特長化された明確なポジションを指します。

社会に出るとランキングによる評価にさらされることも多々あり、逆にニュアンスや雰囲気で暗黙の認識になることもあります。

いずれにしても「自分売り」の視点に立つと、「全体感＝相対的視野」の中で自分の位置づけがどうなっているのかはとても重要になります。

「持ちもの・武器」からひもづく「存在意義」や「一点突破」を踏まえたものが、結果的に組織での役割や機能としての「立ち位置」になってきます。

その中で、継続した結果を出し発信力が高まることで「居場所」という自分のゾーンが形成され、存在感や求心力になっていくのです。

個人でもチームやお店や支店など組織単位でもこの感覚は共通するものです。

この群像の中で欠かせないのが「３つの視点」です。

自分の立ち位置は見えていますか？
自分のゾーンはありますか？

自分売り 2-12

「一生懸命の方向性」

「頑張ってます！」って言うけどさ、
報われる頑張りの質？
何と闘って
何を得るための頑張りだ？

世の中には間違いなく「無駄な努力」というのも存在します。想定できていても、結果的であっても、できるだけ避けていきたいことです。

「頑張ってます！」という背景にどれだけの「全体像の把握」と「行程・品質管理」がされているかで結果は左右されます。

適切な方向性で、適切な量を、適切な品質で、設定した期間の中で、結果に向けて最大化していく習慣を身につけましょう。

「一生懸命」をやり切る「意志」が「貢献・承認欲求」を高め、「立ち位置・居場所」になり、「おもてなし」の表現が高まっていきます。

これを理解して「自分創り」や「自分売り」を進めるなら、「一生懸命の準備」をすぐにでもすることです。準備で8割は決まります。

一生懸命でも、答の出せない努力をしていませんか？

「相手を動かす・巻き込む」

独りよがりでやるなよ！
周りを動かして巻き込めなきゃ、
認められないことを
勝手にやってるのと一緒だぞ！

自分の想いを発信し行動していくことで、支持や協力を得て進めていくことを指します。純粋な「想い」や「意志」で心を掴めれば尚良い状況です。

これにより知恵（選択肢）が増え「スピードと決定力」が格段に高まり、スケール感を得て目的を達成しやすい環境になっていきます。

そこには「動かしてる感＝主体性」と「責任」が生まれます。成功・失敗体験の過程を感じることができ、「おもてなし」要素が集約されている状態になります。

「相手を動かす・巻き込む」時には、相手を変えるより自分が変わってみることが重要です。目的は同じでも過程が異なる場合は、「選択肢」としてオープンに話し合うことで統率が取りやすくなります。

それを繰り返すと、主従関係ではなく、対等な信頼関係のもとに阿吽で進むようになり、そこまでできれば理想といえます。

人に「振る」「投げる」とはまったく異なります。

指示や命令ではなく、動かせていますか？
巻き込めていますか？

「他人事は自分事」

他人事をわが身に置きかえろ！
他人事で学べ！　経験しろ！
そのうち自分事が
他人事になるぞ!!

まさに「おもてなし」の原点で、成長・成熟過程で不可欠になるものです。
これには3つの意味を持たせています。

1つめは、「主体性」を拡大していくと、この意識が生まれてきます。
他人事を吸収していくことでプラス1の思考や経験をすることができるため、自分ならどうするか、○○さんならどうするか、を想像しながら経験値を高めていくことができます。

2つめは、「おもてなし」に直面した相手に対して何を求めているかを察し、自分事のように行動をすることです。「存在意義」の形成になります。

3つめは、リスク管理面で、他人に起きたことは自分にも起こりうるという危機管理です。ハインリッヒの法則や「人のふり見て・・・」という注意喚起です。

周りにはヒントがいっぱいです。周囲を活かしていますか？

自分売り 2-15

「場を活かす」

その場をどう利用するか
イメージできてるか？
借り物みたいに時間を
消費するだけならやめとけ!!

「先のための今」として、どの様に機会や出番を活用していくかを指します。

会議、プレゼン、イベント、研修会、交流会など、さまざまな場がありますが、、最終地点（その現場）と自分を重ねてイメージ（予測）することが、その場を活かす準備になります。


目的はその場ごとにあったとしても、「自分売り」の視点では布石としての立ち回りや意味づけも不可欠です。あえて「通過点」と見て先の最終地点創りをします。


例えば、多くの人前でプレゼンする場があったとしましょう。

「まずはやってみる」「不安しかない」のかもしれませんが、そこからどんなチャンスが広がるのか、発信力や影響力、波紋を広げる水滴になれるか・・・などをとにかく前向きにイメージしてみましょう。

想像しているだけで楽しくなります。


今日の「場」は布石になっていますか？

「自分売り」になっていますか？

自分売り 2-16

「勝たないコミュニケーション」

そのコタエ、絶対いま必要か⁉
会話に勝ってどうなる⁉
自己満足以外に何が残る⁉

主張や意見はあってもいいですが、それは勝ち負けではありません。「自分創り」の場面に勝敗はなく、お互いが受け入れ合う関係創りです。内容の「適切」ではなく、会話の「勝敗」にこだわり始めると、強気に勝った側の満足感とは逆に、引いた（負けた）方が必ず大人の勝ち方をしています。論破することが目的になると、それは非常につまらないことです。

その場で結論を出すことがすべてでしょうか？慌てて勢いで発することで、後々落とし穴になったことありませんか？

相手は、強引、虚勢などと感じてはいませんか？　感じたことはありませんか？

様々な局面がある中で、価値観が一つではなく、答えを出すタイミングではない場面も多々あります。そこから生まれるお互いの理解に向けてコミュニケーションしていく方が、お互いの「存在意義」につながると思いませんか？

会話の勝ち負けに固執していませんか？
引く勝ち方をしていますか？

自分売り 2-17

「伝達力・発信力・影響力」

「人間力」ってどんなチカラか
知ってるか？
自己申告じゃないぞ、
周りが決めるんだぞ!!

「おもてなし」の4要素と、「自分創り」「自分売り」を意識していれば自然に磨かれ、変化として現れるものです。

もともと誰もが持ち合わせているので、相手にどういう意志で接しているのかが差になります。

「動かし方・巻き込み方」や「一生懸命」の押さえどころなどによって周囲の受け方や反応の仕方は変わってきます。

たとえば、「自分は話すのが得意」「影響を与えている」という人。本当でしょうか？自分基準の「つもり」になってはないでしょうか？

判断するのは周囲です。そこを間違えるとこれらの「力」は失笑となり、そこで「自分売り」に躓いていることになります。

自分の意識と行動の継続が、周囲のフィルターを通して判断されるものです。

それを静かに感じていきましょう。

「持ちもの・武器」が「つもり」になっていませんか？

自分売り 2-18

「引き出す」

受け身になるな！
取りにいけ!!
さらに求めるものを引き出して、
自分のモノにしろ!!

リードしていく側の手腕ともいえる重要な要素で、察することはもちろん、想いを引き出して応えていくことは必須です。同時に「動かし・巻き込む」ために相手を「受け身」にさせない進め方です。

双方の「意志」や「着地点」を見定め、尊重しながら「受け取って」いくことが必要です。

これは、コミュニケーションの手法としてだけでなく、「おもてなし」や業務における基本的な環境創りにも大きく貢献するものです。

相手の意志や意向を「引き出す」ことによって双方の主体性や存在意義が明確になり、より気持ちの通ったものが生まれやすくなります。

その環境はチャンスになり、見守られながらチャレンジできる文化に育っていきます。「まずはやってみる」が加速します。

相手を「受け身」にさせない場づくり、していますか？

「水滴・波紋」

アタマの中で
波紋が広がってるか？
世の中、水滴だらけだぞ!!

要望や情報を得たときに、様々な方向に発想が広がっていく感覚を指します。

これはよく言われる思考展開ですが、重要なのは「水滴を取りにいっているか」だと考えます。「おもてなし」の場では相手の情報には敏感になりますが、それを言われたままに対応するだけでは「自分売り」とはいえません。

「ピンときた！」というのと同じですが、ヒントと捉えて展開させるためには、日常での「選択肢」の蓄積が不可欠です。型にはまらずに楽しみながら発想を巡らせる習慣になっていると理想です。

背景を知ろうとする習慣や、取りに行く話の仕方も選択肢を増やしますが、相手に応じた波紋を広げるには、経験値や見聞が何より大きく影響します。

この感覚が身に付くと、「全体像を創る」感覚や、「行程・品質管理」、ポイントを的確に見抜く感性が備わり、「解決力」「創造力」が長けてきます。

世の中水滴だらけだと思いませんか？
波紋は重なって広がっていますか？

「究極のお約束」

自分がいることで、
安心感を与えられてる？
会社やブランドじゃなく、
自分自身の存在が
「約束」になってるか？

「自分創り」「自分売り」を進める中で、相手視点で見た場合、一番の安心感は「あたり前の質」です。

「究極のお約束」とは、「自分がいることが最大の品質」で、相手の「安心感」を一手に引き受ける姿勢を表します。「私は絶対に外しません！」と言えるかです。

溢れ出る「本質」を提供し続けることができれば、それは相手にとっての「オンリーワン」になります。

ビジネスライクではなく、人として「本質・核心」で寄り添うことができ、「あたり前の質」が高く、居心地がよくて「また会いたくなる」関係性をお約束できる・・・。と、それはとても素晴らしいことです。

理想高く聞こえますが、「お約束」できる相手は必ず広がっていきます。

究極のお約束とは、「感謝・信頼・感動」のお約束です。

「あたり前の質」を気にしていますか？
お約束していますか？

第3章 全体像 12語

ここまでは相対する方に対しての「自分創り」と、それをより高めていくための「自分売り」についてお話ししてきました。

この章ではそれらをより実務寄りで、精度を高めていくためのポイントを12のコトバにまとめました。いずれも「思考基準」になるもので、「行動」の事前考察として踏まえておくべきものになります。

全体像 3-01

「全体像の把握」

全体像は把握できてるか？
今どこのことやってるか
分かってるか⁉

ひとつひとつに向き合っていくことは重要ですが、その場に追われているだけでは望む結果には至りません。

しかし、初期の段階で最終的なイメージを持つことで、今やっていることが全体のどの行程で、何のためのことかが把握できると自然と品質は高まります。

結局は「見通せているか」に尽きるのですが、「点と線と面」の構築を可能な限り初期段階でおこないバランス整えることです。それによって「行程」の過ごし方が変わっていきます。

視野が狭いと「行程・品質管理」ができず、「先のための今」にならず、目的や出すべき結果さえも見失っていくことになります。

最初に「全体像を把握」することが「基準作り」となり、修正もしやすくなる最も基本的な「思考・行動基準」の素です。

木を見て森を創っていますか？
そこに「水滴・波紋」はありますか？

全体像 3-02

「背景を知る」

どういう理由や歴史や
過程でそうなってる⁉
背景を把握して
並べて選んでるか⁉

「おもてなし」でいえば、相対する人の背景を汲み取ることが「寄り添い」「ひと手間」「先まわり」の行動でした。

「よく気がつく人」は自然と背景を知ろうとする習慣ができているからこそ、これらの行動が身についているのです。

実務面でも同じですが、情報の歴史や過程や環境を知ることは、進行管理上とても大きな意味を持ちます。選択肢も増えるため、より「本質・核心」に近づくことができ、「状況を共有している」安心感や「自分売り」にもつながります。「究極のお約束」にも近づいていきます。

様々な背景に触れていくことは疑似体験ともいえて、世の中や人の「幅を知る」ことにもなります。

背景を知ることを経験・体験にしていますか？

「与件整理」

全体像はどうなってる？
「大・中・小」の構成要素は？

目的や環境、背景や条件などを整理して全体像を把握していくことを指します。

与件をとにかく書き出して、要素を関連付けていくことでストーリーができあがります。初期段階では、手書きでフリーに「絵（チャート）」に描いていくことで要素の「大中小」を明確にしていきます。

それを関連項目ごとに整理していくことで「全体像」が俯瞰できる状態になり、そこに「時間軸＝行程」を加えていくと進行管理表になります。

案件の内容やボリュームや期間設定によって、このサイクルや進め方はその都度変わっていきます。まずは身近なことで絵を描いてみましょう。

与件整理力は、日常のものの見方や捉え方、聞き方を意識することでスピードと精度を上げることができます。実は自然にやっていることでもあるので、ひと手間かけて「絵を描く」と広がりを感じることができます。

頭の中の「絵」を描いていますか？

全体像 3-04

「大・中・小」

ひと言でいったら何⁉
サブ要素は⁉
支える要素は⁉
最終表現はどうなる⁉

「与件整理」と一体で、状況や話をまとめていく際の項目別整理法です。
「大」は、複数あったとしても「ひと言でいったら何？」の目的要素です。
「中」は、「大」を構成するサブ要素で、
「小」は、「中」を構成する多くの与件があてはまる詳細要素を指します。

とても基本的なことですが、この構造的感覚で常に情報を当てはめて捉えていく習慣が「与件整理力」を格段に向上させ、「本質」に到達しやすくなります。世の中は必ずこの構成になっています。

まとめたり聞くことだけではなく、話す際にも順序立てて「大」から「中・小」へと展開すれば的確に理解されます。情報の「そぎ落とし」と「詰め込み」の使い分けに加え、要素を「ベーシックとインパクト」に分けると精度は上がります。

これは「発信力」「伝達力」を支える大きな要素でもあります。

構造的な思考で整理していますか？

全体像 3-05

「幅を知る」

決め打ちもいいけど、
選択肢を持ったうえで決めろよ!!

選択肢を持つための日常の洞察的な意識を指します。

自分だけの考えや知識では限界があり、選択肢を増やすためには積極的に「聞く」ことと「引き出す」ことでその質を高めて増やしていくしかありません。

その際に価値観が違っても、まずは謙虚に吸収していく姿勢が大事です。

もちろん自分で調べることが前提です。

「幅を知る」ための簡単な練習法があります。

世の中のものすべては過去の企画でできています。「どうしてあんなネーミング?」「どうしたらあの表現になる?」「どう周囲を説得したんだ?」などと背景を遡って推測していくのです。本来と違ったとしても「疑似体験」により、自分の中では成立します。これは日常から自分ひとりでできることです。

違う過程や結果を「知りたくなる」と選択肢は確実に増えていきます。

世の中の物の背景や過程を「深掘り」して、選択肢に取り込んでいますか?

全体像 3-06

「深掘り・掘り下げ」

その3歩先には何がある⁉
何か隠れてないか⁉

成長過程で必ず求められる思考で、「品質管理」に直結します。

幅を得て選択していく過程で、その3歩先にどういう展開や要素があるかを慎重に並べて判断していかなくてはなりません。

主に「中・小」の段階で発揮され、検討・検証・精査などと言われることです。

「全体像」を見渡し、方向性や過不足などのチェック機能として「掘り下げ」が習慣づくと「品質」が必ず向上します。


「深掘り・掘り下げ」にも簡単な練習法があります。結果の逆追いです。

たとえば新発売のガムのCMを目にしたら、その商品に関わるすべてでも一部でもいいので企画書をつくります。企画から開発、製造、宣伝、販促までを勝手にブランド責任者としてつくるのです。頭の中でだけでもいいです。そしてプレゼンの場をイメージしたストーリーもです。

この様な日常の意識で「自分売り」の重要要素が身につきます。


幅と深さを追求していますか?

「知る」ことで「品質」を高めていますか?

全体像 3-07

「分からなかったら聞く」

分からないからって止めるな!!
迷わず聞け!
自分に知恵がないなら他に求めろ!!
勝手に止めるな!

「幅を知る」「深掘り」を進めるうえで、「聞く」ことは大きな意味を持ちます。「分からない」で済ますのではなく、どうしたら「分かるようになるのか」を身につける手段です。

聞くことで選択肢が増え解決することを放置し、結果的に上手くいかず・・・反省点として上がってくる状況を目にします。「聞かないこと」の罪の重さをまったく認識していなく、自分の枠だけで「つもり」になっている結果です。

行動に移った段階では、「行程」を止めてしまい「品質」低下の原因になります。考えたうえで「聞く」ことは知恵や情報と結果を「取りにいく」ことです。

「分からない」のは恥ずかしいことではなく、「聞く」「知る」「増やす」ことができる絶好のチャンスなのです。聞かないことは「悪」です。

分かった「つもり」になっていませんか？

全体像 3-08

「行程管理」

見渡せてるか？
大・中・小に時間を足して！
行程管理ができてなきゃ
「今の処理」!!
先につなげていけ!!

すべての基本となる「3大管理要素」のひとつです。

目的に対し、「いつまで」に「どのようなステップ」で仕上げるかを初期の段階で設定をすることで、「先のための今」を継続的に確認していくものです。

日常的にやっていることでもります。

行程管理のポイントはまず「全体像の把握」を「大中小」ですることです。期間を3～5分割し、区切りごとに調整・修正しながら繰り返します。

進行の遅れや終盤の詰めでにボリュームが出ることは仕方ないのですが、最後には最終調整の時間枠を予め想定しておくことが理想です。

業務バランスは、前～中半に寄る設定すると問題点の対策に余裕ができます。

全体を見渡して進めていくうえでも「先まわり」できる環境を常に創っていくことが、安定した「行程管理」につながります。

「見えている」ことで時間の質を向上させていますか？

全体像 3-09

「品質管理」

それ、目指してる「質」⁉
ダレ目線の「質」⁉
「あたり前」はコレなの？
「究極のお約束」できるか⁉

すべての基本となる「3大管理要素」のひとつで、決められた「行程」の中でのコントロール感が求められます。

最終的な「表現=成果」として目に見えるのはこの要素で、結果はもちろん「自分売り」に直結します。客観的には「あたり前の質」として捉えられます。

品質管理のポイントは、実務では「全体像の把握」を中心に「背景」「与件整理」「大中小」「幅」と「深掘り」「聞く」になります。

「品質」はお互いの信用・信頼・安心感のうえで確認されていきます。相対しているのは「人」なので、そこに応えていく意識が根底には不可欠です。

また、求められる「価値観」や「品質」は流動し、時流で変化します。

情報感度を高めて「質」を磨いていくことが「新しい結果」と「自分売り」を成功に導いていきます。

答えはひとつではありません。自分なりの品質を高めていますか？

全体像 3-10

「予算管理」

コストパフォーマンスは適切？
最大効率の限界は⁉
結果は予算じゃなくて
使い方の知恵だぞ‼

すべての基本となる「3大管理要素」のひとつで、経営的要素を多く含むものです。
多くの場合は「目的×予算」によって手法や求められる品質が決まります。
対費用効果の策定は、条件に合う「選択肢」の中から適切を見出していくことになり、前例や「背景」も加味されて戦略・戦術が創られていきます。

「予算管理」のポイントは、目的に対して的確に効果を得られる配分になっているかです。予算規模と「品質」の両立が難しいことも多いので、頭を使い知恵を出します。日常的にやっていることで、シンプルですがこれに尽きます。

違う視点では、予算と品質のバランスの限界を理解させることは「自分売り」といえます。行程上で布石を打ち、別の付加価値提案をしたり、次回への課題をあえて設定するなど、感覚や感性も交えて「予算管理」できると理想です。

予算管理を「自分売り」でコントロールしていますか？

全体像 3-11

「情報感度」

溢れる情報を見極められてる？
知ってるだけじゃダメ!!
その情報と、扱う自分の「出口」は
どうやって創る!?

情報を得て活かしていく感性は、日常の興味と追及の中からしか生まれません。

誰もが興味のあることには追求や更新をしていきますが、「おもてなし」や業務上の多様な価値観に応えていくには、同じく新しい情報を取りにいく姿勢が大事です。

最初は「誰かのために」として得た情報だったとしても、結果的には「自分売り」の要素になるため、興味の間口を広く持つことは「自分創り」には効果的です。

「情報感度」は「水滴・波紋」の「水滴」を指します。

「自分創り」の要素として「解決力」と「創造力」を磨くには、「何かヒントが隠れているかも」というチャンス視点で感度を高めておく必要があります。

さらに自分の中で整理して幅を広げ、深掘りして理解を深めれば、自分の情報に仕上がり、扱う人によって情報価値が高まっていきます。

言うまでもなく、情報の収集力に裏付けられています。

情報を知っているだけで満足していませんか？
活かしていますか？

全体像 3-12

「解決力と創造力」

仕事上の決定力はこの2つ!!
解決力と創造力!!
「人間力」の差はココだぞ!!

「デキる人」に欠かせない2大要素です。

「自分創り」「自分売り」を成立させていくうえで必ず発揮され、組織や集団の中で存在感を際立たせるのも「解決力と創造力」です。これが決定的な「差」になります。

継続して求められ応えていくもので、全体を把握してこそ発揮できる「力」です。

自分の「力」が全体感の中でどういう位置にいるのか、「立ち位置・居場所」を確認しながら「差」を自覚していきます。

その「差」は一度に大きくは広がらず、「あたり前の質」を求め「凡事徹底」を継続することがこれらの「力」の「差」になっていきます。

業務の多くはこの2要素が占めるので、とにかく経験と選択肢を増やすことです。「解決力と創造力」に「スピードと決定力」を加えていくと、かなり「デキる人」になります。

解決していますか？
創造していますか？

第4章 出すべき結果 12語

前章では「思考基準」から「行動」の流れを支えていく要素をまとめてきました。

ここでは実務で求められる「出すべき結果」に向けた、より実務的で先鋭的なポイントを12のコトバにまとめました。

いずれも日常的なことで、表面的に見えてくる部分でもあるので、裏付けや下地として持っておくべきものになります。

「出すべき結果」

自分でしか創れない
「存在意義」が結果!!
求めてるのは
「答」じゃなくて「応え」!

「出すべき結果」は、相手から求められる自分の「存在意義」と考えます。

仕事を進めるなかには、必ず目的と責任が介在し、相対する「人」、取引先、組織、会社、などの様々な環境に自分の「立ち位置・居場所」があります。

環境に応じた「出すべき結果」を目指し、組み立て試行錯誤してチャレンジして得るのかが本来の「結果」であり「仕事」であり、「自分の応え」です。

「とりあえず自分の範疇でやった結果がコレです」では「低レベルな答」です。

「結果」はある程度コントロールできます。適切な「結果」に向けて誘導するのは「あたり前の質」で、過程での「意志」そのものです。

「結果」はさらに影響力を持ち、優位な「居場所」に向かえます。

短・中・長期の「自分創り」における自分自身の出すべき結果ともいえます。

結果を持って「立ち位置・居場所」を創っていますか？

「目的達成意識」

コレ、ある？
最高の自己表現だけど、
まさか時間の切り売り
してないよな？

「意志」「覚悟」「執着心」の先にある「具体的な存在意義」を確立するものです。目的や目標は置物や飾りではなく「取り組むもの」「達成するもの」で、意識面でいえば、まずこの感覚がなければ「達成」はしません。

「自分創り」や「自分売り」の多くはこの達成表現の過程で確立されていき、日常的な案件に「ひとつひとつを大切に」向き合うことでしか成果は望めません。

求められるものに対して応えていく基本的な信頼関係ともいえますが、経験値から簡単にできることもあり、「慢心」は大きな落とし穴です。また、いまの自分の「持ちもの」で出来ることが100%と考えるのも間違いです。できている「つもり」が「結果」を逃すのです。

目的に向けて進むには、案件はもちろん、「自分創り」が同時に進んでいかなければ「良い結果」は継続して迎えられません。全ては自分が動かしているのです。

「まずはやってみる」「達成意識」を利用して「自分創り」していますか？

「戦略・戦術」

「出すべき結果」には
どうやってたどり着く⁉
闘い方は⁉勝ち方は⁉
布石は打ってるか⁉

目的や目標に対し、「どの様な結果」を、「どの様な過程」を辿っていくかの設定と手法を指します。ただ漠然と結果を追うのではなく、どの様な方法で何を得るのかを明確に整理して進めていくことは「あたり前」です。

そこには「存在意義」を活かすチャンスがあり、「出すべき結果」と「結果の出し方」を導き出すことで品質は大きく変化していきます。

これを導くのは経験ももちろんですが、「全体像の把握力」に加え「持ちもの・武器」や「選択肢」です。それを活かしながら一点突破力を発揮し、「出すべき結果」に向かっていきます。

「戦術」のヒントは、「背景」や「与件整理」のなかに潜んでいることが多く、「幅を知る」や「深掘り」をする習慣は戦術の設定に大きく役立ちます。

そして、戦術は「選択肢」と「解決力と創造力」の鏡です。

過程の辿り方、増やしていますか？大事にしていますか？

「ベーシックとインパクト」

お互いに効果的に機能するように
行程・品質管理!!
それぞれの実績計画も
シミレーションして!!

すべてに適用される基本構造で、「全体像の把握」の際に見極めることで「戦術」の策定はもちろん「行程・品質管理」がしやすくなります。

ベーシック＝最低ラインの安定的な結果を得られる要素で、これまでの実績や経験上から必然として見込める「品質」や「結果」を指します。この安定感と継続性が信頼関係の基礎になります。

これは「日常」から「あたり前の質」を高めることで最低ラインも高まります。

インパクト＝瞬間最大風速の結果を創りにいく要素で、イベントや大型案件など、力を集結して大きな「結果」を得ていくものを指します。より「全体像の把握」や「選択肢」「一点突破」が重要で、「スピードと決定力」も求められます。

この2要素は常に相互作用しながら存在していきます。

「ベーシックとインパクト」で整理していますか？

出すべき結果　4-05

「スピードと決定力」

スピードは意志！
寄り添いと選択肢‼
決定力は展開力！
全体像をイメージして落しこめ‼

組織の中で「解決力・創造力」に次いで重視されるものです。

「選択肢」の中から「適切」「最善」をより早く導くことは、「行程管理」に大きく影響します。もちろん「品質」にもです。

「適切」の判断後でも過程の修正はつきもので、常に「選択」を繰返す時間が必要になるため、判断が早いと過程で検証する余裕が生まれ「質」も高まります。

判断後は「適切を展開」していくために、具体的イメージの構築と行動力が重要になります。これは「解決力・創造力」に通じ、一番の醍醐味を感じられる場面です。

集中して導いた「適切」は大きくブレないため、「出すべき結果」に向かって決定力が高まるのです。

併せて、「人」に対して「スピードは寄り添い」と捉えてみると、さらに気持ちや誠意に下支えされた行動になっていきます。

「スピードは寄り添い」の行動を意識していますか？

出すべき結果 4-06

「選択肢と展開力」

選択肢はスピードを支えて、
展開力は決定力を支える!!

「スピードと決定力」を支える2大要素です。

業務キャリアは「選択肢」の数ともいえ、適切な判断はそのなかから繰り出されます。また、選択したものを目的に向けて構築していく構造的思考もあるため、ストーリー立てた明確で柔軟性のある対応ができます。

これらを高めるために、「他人事は自分事」とあったように、「選択肢」を日常から「取りにいく」ことで増やしていきます。同時にその3歩先にどういう展開があるかもイメージし、「水滴・波紋」を繰返していくしかありません。これらは「全体像の把握」の場面で、より具体的な輪郭創りにつながってきます。

「展開力」は、判断して行動に移す場合、関連する項目に対して統一感やバランス感をもって「行動計画」を集約できることです。

これらが備わっていることで「スピードと決定力」の精度は上がります

選択肢は多く持っていますか？
「水滴・波紋」の展開力を発揮していますか？

「結果の理由」

どうして上手くいったのかを
徹底的に追求しろ!!
それが自分の過去と未来だ！

「出すべき結果」を振り返った際に、必ず立ち止まって一考すべきことです。ある「結果」を迎えた際に、達成感だけでは意味がありません。その理由について検証をしていかなければ、何も残らず「続く要素」にはなりません。

業務だけでなく、「自分創り」「自分売り」にも共通しています。

「今となっては」の視点で振り返り、反省や改善を「取りにいく」ことで理由を明確にし、「やりきった感」や「やり直しはできる」につなげていきます。

良くも悪くも、結果や評価の「理由」には様々な要因が関連していて、それを的確に認識して受け入れていくことが「成長・進化」につながっていくのです。

「成功＝結果」には必ずきっかけや転換期が存在します。勝手にやってくる訳ではなく、継続した「意志」を持ち続け、チャンスと向き合っていくことで引き寄せるものです。

自分の出した結果には、過去と未来が詰まっています。

「結果」と上手く付き合っていますか？　利用していますか？

出すべき結果 4-08

「続く要素」

上手くいったら、
一時的か続くのかを追求しろ！
運も実力、奇跡も実力、
丁寧に過程を積上げた結果も
もちろん実力！

「結果の理由」を振り返ったとき、理由はもちろん、その要因が一時的なのか継続的なのかを見極めていくことはとても重要です。

それらをもって次の行動に移していくことは「本質」の追求といえ、「続く要素＝自分創り」の追求になります。

また、「結果」までの過程の思考や行動、時間などを成立させることになります。

そもそもベーシックなのかインパクトなのかにもよりますが、前者であれば、反省点を取り入れ「あたり前」を高めていくことが「続く」ことにつながります。

後者であれば、決定力が高い選択肢を得ることにつながります。

販売業などでは時期的、環境的な要素や天候もありますが、「自分だから売れた」と確信できることは大きなポイントです。実はそれがもっとも確実で精度の高い「続く要素」といえ、「究極のお約束」につながるのです。

「自分」がやっているから「結果が継続」すると感じますか？

「結果の下支え」

その結果、
ナニが支えたと思う？
結局は自分だぞ・・・

「結果」は、出来ることをやっただけでは「結果」とはいえず、さまざまな取り組みを「意志」をもって完遂したことを指しています。

端的にいえば「自分のあり方」に集約されます。

「自分創り」でも同様に、「テクニック」だけに頼らず、謙虚に「心」で取り組む姿勢がすべてを下支えしていくと考えます。その過程の思考と行動から得られる「結果」は「意志」に下支えされ、その蓄積で今の自分は形成されています。

結果を支えるコトバを選ぶとすれば、自分創りでは「ありがとう」「おもてなし」「まずはやってみる」。自分売りでは「意志」「主体性」「執着心」。全体像では「行程・品質管理」「解決力と創造力」。になります。

これらを自分のものにできるかで「下支え」の幅と深さが変わってきます。

「結果」は自分の「鏡」だと実感できますか？

「売れた理由」

その結果は意図したモノ？

コントロールしきれた？

存在意義が示せた結果なら

先につながるぞ!!

「結果の理由」とも似ていますが、より「戦術」に対しての結果を指します。

全体像から導いて進めた結果、意図した通りに「結果をコントロール」できたかの検証は絶対的に必要なことで、「存在意義」を高めるうえで基本といえます。


ニーズを聞き出して寄り添って応えていくことで、企画が売れた、モノが売れた、「自分」が売れた・・・としてもその結果だけに振り回されてはいけません。

重要なのは「意図した結果」「コントロールした結果」なのかだけです。


その過程を知る自分の「意志」と「戦術」に向き合ってみましょう。

「成功は失敗のもと」です。自信を持つことは大事ですが、慢心し「出来ている」という認識は落とし穴になります。

結果オーライという状況もちろんあります。状況を味方に付けた強運も実力といえますが、「続く」確証はないので「それはそれ」と収めておきましょう。

「売れた理由」を追求していますか？ 意図した結果は出ていますか？

「クレームはチャンス」

クレームは財産
「このままではダメだ!!」
という警告

これほど「人」の要素を多くを含むものもなく、謙虚に「変われる」チャンスです。相手は不満や文句を言わずに、もう付き合わない、行かないと切り捨てればそれで済むことです。しかし「クレーム」という表現で不備を「教えて頂ける＝変われる」と捉えれば、与えられたチャンスになり、感謝すべきこととなります。

内容には不注意から様々なエラーで仕方ないことまでありますが、「視点の違い」によることがほとんどです。こちら都合だけの話ではなく、相手の立場に立って不満を共有する姿勢など、自分が変われば多くは解決するのも事実です。

クレームからの「チャンス」は2通りです。1つめは「変われる」こと。2つめは、共に解決していくことで得られる「信頼関係創り」のチャンスです。

いい面ばかりで付き合うのではなく、対応の最低ラインを維持していくことで「チャンス」は顔を出します。

クレームから学んでいますか？　チャンスは顔を出していますか？

出すべき結果 4-12

「心はテクニックに勝る」

心が下支えしていないと、
絶対中途半端に終わるぞ！
小手先のテクニックに溺れるな！
心の継続はすべてに勝る！

「結果」に向かうには多くの経験値や選択肢をもって臨みますが、最終的に動かしていくのはテクニックではなく「意志＝心」です。

情報や知識を並べても、扱う「人」の人間力が伝わらなければ「存在意義」は承認されず、「コト」として裁いても相手には虚空感しか残りません。

相対する人への「おもてなし」「寄り添い」がすべての根源にあり、応える手法として「テクニック」を使うのが本質と考えます。

「心がなくてもある程度のテクニックは身につく」のも事実です。しかしその先の限界は早く、「つもり」や「勘違い」の行動となり、落とし穴になっていきます。

「心」でしか到達できないゾーンがあります。

「テクニック」は「心」と「人」によって磨かれていきます。

例えば、スポーツや職人の世界から心や姿勢を学んでいますか？

第5章

5つの格下げ

5語

ここまでの自分を高めていく思考や行動に取り組むうえで、絶対に陥ってはいけない要素を5つにまとめました。

すべてが自分の見られ方を格段に落としていくモノで、「やりなおし」はできますが、取り返すには時間がかかるものばかりです。

常に自問自答しながら、チェックすべきネガティブ要素として身近に置いておくことをお勧めします。

5つの格下げ 5-01

「勝手に線を引く」

勝手に線引いて、
都合のいい居場所つくるな！

自分で勝手に判断し、都合よくぬるま湯につかっている状態です。

まず「全体像」が把握できていなく、自分の狭い範疇でしか捉えられない状態だと顕著に表れます。組織や相対する人の中で、互いにどう機能していくのが重要で、幅広い意識や環境を手に入れるには「線を引かない」「まずはやってみる」で受入れることが必要です。

今の自分が「完成品」と傲慢に自惚れてしまうことはもちろん、控えめであっても「チャレンジをしない」ようなあり方では同じことが言えます。

また、「安定」という名の「勘違い」や、今できることが「すべて」と思う「勘違い」によって、能力や存在感の低下が始まります。

自分で自分を決めつけることが、どれだけの成長機会を失うことかは、周囲の変化によって知らされることになります。公然の格下げです。

実は管理者はここをよく見ています。

勝手に自分で線を引いていませんか？限界はそこですか？

5つの格下げ　5-02

「時間の切り売り」

時間売ってるのか、
自分売ってるのか、
どっちなんだ!?

「自分創り」「自分売り」を進める中ではありえない状態です。
時間は平等です。どこで差が出るのでしょうか?

仕事上の時間の多くは「行程管理」され、併せて「品質管理」が伴って進んでいきます。「自分創り」のために「時間に自分を重ねる」という考え方は多くの意味を持ちます。責任感なく漫然と「時間を売る」のか、職務の「時間で自分創り」をするのか、「先のための今」を過ごすのか、その差は明確です。

同じ仕事をしていても、関わる人が変われば「仕事」の質が変わります。自分が関わる意味をもって臨むことは「時間を活かす」ことになり、「成長」の近道になります。

勝手に線を引いて、時間の切り売りをするのは、最悪の格下げです。

今ある環境を、自分の時間に重ねていますか?

5つの格下げ 5-03

「手を加えない」

そこに「意志」はあるのか⁉

どこにひと手間がある？

仕事をしている中で、それぞれの「いつも」に流され「これでいいんだ」という思い込みで「ひと手間」を省いてしまっていることがあります。

「今」や「過去」を問題視したり、改善を試みたり、「自分」の要素を加えてみたりと、「先のために」今できることがあります。

世の中は、そんなに新しいモノばかり出てくる訳ではありません。多くは課題対策したものや、機能の複合化、小型化、技術の転用などです。これらは「利便性を高める視点」から生まれてくる、ひと手間加わった新しい価値創りです。

これはどの様な業種や立場でも意識をすれば取り組めることです。

マネや参考にすることは「悪」ではなく、ヒントと捉えないことや「意志」を入れないことが「悪」です。ルーズで主体性を感じさせない格下げになります。

情報として知るだけではなく、自分なりの活かし方が大事です。

「他人事を自分事」にしながら手を加えていますか？

「受け身」

与えられたコトを
知恵もなくこなして、
出来てる気に
なってるんじゃない!!

情報や思考、行動など一定の「与えられるコト」がある中で、「それだけをしていればいい」という感覚を指します。褒めコトバとしては「言ったコトだけはやるね」。になります。

以前に目にした極端な例ですが、「オレのやることを持ってくるのが上司の仕事」。「オレの能力を使い切るのも上司の仕事」。という人がいました。謙虚さもなく勝手に線を引いて、受け身が前提の人任せ。しかも上から目線で見事な格下げぶりでした。

逆を意味する「取りにいく」という感覚や「主体性」もなく、「自分創り」が何もできない状態です。時間の切り売りを目指すなら条件の良いところに行けばいいだけです。「活きた時間」にする視点が欠けています。周囲への悪影響も図りしれません。「受け身」から「自分創り」「自分売り」はできません。

与えられたコトを、自分のものにしていますか？

「心のなさ」

そのコトバや行動、
心がないからこそだな・・・
「すいません」って言う前提で
過ごしてなきゃ、
こんなことにならないよな⁉

分かったつもりになって上辺で応対していると、相手は人としての「雑さ」や「薄さ」や「軽さ」を感じてしまいます。

「おもてなし」や「寄り添う」感覚のなさは思っている以上に伝わり、結果的に「感謝」や「礼」を欠く立ち居振る舞いになってしまいます。これでは相手に承認されません。

「心のなさ」はさまざまなところに格下げ感と共に表れます。

コトバ、行動はもちろん、スピード感や内容、時間や約束、依存や文句、目や表情・・・などあらゆる場面の「自分」をマイナス面に下支えしてしまいます。

そういう方は本書を手にしないので、皆さんは陥らないよう気をつけましょう。

全体像が把握できていれば、どういう結果が適切かは分かっています。そこに向かえないのは「心のなさ」の成せる業です。

「心がすべてを決める」と実感したことはありますか？

第6章

5つの格上げ 5語

前章とは対照的に、日常から意識して身につけていくことで、大きな飛躍になる要素を5つにまとめました。

すべてにいえますが、「自分」単独で完結するものはありません。周囲とのバランスの中での「自分創り」という視点です。

実務の中でも、一旦立ち止まってこれらのコトバと突き合わせることで、新しい価値（先のための今）が見えてきます。

「3つの視点」

誰のどの視点に応えてる⁉
独りよがりの価値観なんて
通用しないぞ！

行動する際に必ず意識すべきは「視点」です。
○○さんならどう思うか、考えるか。を多方面に向けていくことは、「自分創り」をより高めていきます。

「自分」「会社」に加え「周囲」の視点が重要になってきます。

特に「周囲」は巻き込み、動かす相手で、影響を与えたり評価をされる相手であることも大きな意味をもちます。

また、「出すべき結果」の各方面への満足度や「やり切った感」もこの視点の中から生まれてきます。さらには自分以外の視点で「先のための」布石を取り入れることもできれば、より価値が格上げされた動きになってきます。

3つの視点は「貢献・承認欲求」の意味を高めます。立派な自己主張だけではやっていけないのは周知のとおりです。

社会で生き抜くための「視点」を広げていますか？

「群像の感覚」

居場所はどこ？
勝ちどころはどこ？
何が負けてて、何を伸ばして、
何を補っていくんだ⁉

周囲の中の自分を客観視し、立ち位置や居場所を把握しながら組織の中で存在意義を創っていく感覚を指します。大勢の中の自分であることを認識して調和を図っていきます。

シビアにいえば、組織の中で自分をどう「武器化」していくかという感覚です。周囲にも同じ立場の人がいる中で、求められる「解決力」と「創造力」を、自分の「持ちもの」で表現し、存在感を高めていくことです。

「勝ちどころ」を設定するときには「一点突破」です。

自分の能力を理解して、苦手を克服し、新たな成長をもたらすきっかけにもなり得る感覚なので、「時間に自分を重ねて、まずはやってみる」の繰り返しが差になります。広い視野と的確な対策は格上げ要素です。

この感覚があれば、「主体性」が安定してきます。

組織の中での立ち位置・居場所はどこですか？どこを目指しますか？

5つの格上げ 6-03

「チャンス」

与えられたチャンスを
活かそうとしないなら、
自分で引き寄せること
なんかできないぞ!!

「チャンス」とは「自分創り」と向き合いながら、日々の意識や水滴・波紋、つながりなど自ら取りにいくからこそ得られるものです。

誰にでも平等にありますが、待っていてはやって来ません。

また、「チャンス」は最初「チャンス」の顔をしていないことも多く、「気づく」「活かす」視点がそれを「チャンス」にと変えていくのです。少し経つとそれは自分のモノとして取り込めていくので、「必然」のコトに変化していきます。

話すこと、情報感度、水滴・波紋、まずはやってみる、聞く、取りにいく、場を活かす…などに加えて、洞察力と先をイメージする感性が「チャンス」を引き寄せます。この引き寄せ方は自分でも実感できる格上げ要素です。

7割は「失敗」ですが、「自分創りの成功」のもとです

与えられたチャンスを活かしていますか？
引き寄せていますか？

「誰と仕事をしているのか」

誰と仕事してるつもりだ⁉
無責任に自分の枠だけで
小さくまとまるなよ！

研修会やセミナーで必ず「誰と仕事をしていますか？」と質問しますが、多くの答は「同僚」「部下」「取引先」です。正しいのですが強さを感じません。

これは「何を売っていますか？」と同じです。

これは、最低限の「権利と義務」以上に、お互いを必要としながら共通の目的・目標に向かうための基本的な揺らがない関係性創りを指します。

単純に「任せたからフォローをしながら見守る」立場と「任されたから絶対に応える」立場での責任共有や信頼関係ともいえます。

「出すべき結果」を求めている人と「仕事をしている」のが理想です。シンプルで明確です。本書での正解は「社長」です。規模が大きければ「担当役員」や「本部長」でしょう。これを社内外で創れると格上げです。必ず「人」の強さが変化していきます。あとは、決めたからには継続です。

あなたは誰と仕事をしていますか？ この人とやり切るって言えますか？

「成長・進化・継続」

成功も失敗も全部財産！
続けてはじめて
見えてくるものがあるから！
楽しみだな！

「自分創り＝成長」においてその都度の結果はもちろん重要ですが、大きな意味を持つのは「過程」です。その中では本書のすべてのコトバが関連します。
これは個々だけでなく組織としても大きな財産になりうるものを秘めています。

成長を目指して努力し、一定の成果の後に次の段階がやってきて、それが継続していくことでさらなる成長が望めるという一連のサイクルです。
課題の節目ではその都度明確な「次の出口」を想定して、振返り検証することが必要です。結果的にはそれを「継続」してくことが「進化」を後押しし、最終的に「成長」しているということになります。

成長機会は誰にでもあり、誰でも変われます。それを実感してさらに高みを目指し継続していくことが普通にできると、「あたり前の質」が変わり、得るものの「量」も「質」も格段に高まってきます。このサイクルは最大の格上げです。

継続した成長計画を実践していますか？ 自分の格上げ感を感じますか？

第7章

3つの自戒

3語

さいごに、これまでのコトバを実践していくうえで留意しておく要素を3つにまとめました。

これらはどの様な経験値でも、どの段階でも該当する自戒のコトバです。

慢心せず、自分の立ち位置や先を創っていくうえで「謙虚」に振り返り、自分と向き合うためのものです。

常に意識していきたいコトバです。

3つの自戒　7-01

「わかっているは出来ている」

「わかっている」というなら
「出来ている」と言い切れるか!?

「わかっている」ということは、頭だけでなく適切な「行動」に移せているということを指します。

併せて、周囲からも「わかっている人」として見られることも重要で、「全体像」から「行程・品質管理」において安定感ある成果で表現できます。

「わかっている」と思っていても、「出来ていないのでは？」と謙虚に丁寧に向き合う姿勢が大切です。そうでなければ、「わかっていてやらない」というレベルの低い結果になります。


コトバの通り、さまざまな行動基準に適用されるシンプルな核心です。

「自分創り」の過程で、自戒を含め自問自答しながら向き合っていくコトバで、この繰り返しは「群像の感覚」においてもいずれ大きな差になってきます。

「わかっている」と思っているコト、本当に出来ていますか？

「わかっているは落とし穴」

それ、独りよがりの
思い込みじゃないか？
勘違いじゃないか？

「わかっているつもり」でいると的をえず、丁寧さはなく、人の話を聞き入れず「失敗・損失・トラブル」に直結します。

日常的なことで「いつもこうだから」「これくらいは」という感覚がもっとも危険で、リスク意識が低下していく原因でもあります。

自分では気づきにくく、認めにくい感覚ですが、「自分創り」のために謙虚に「凡事徹底」していくことでしか回避できません。慢心、驕りは取り返しのつかないコトへの第一歩です。その先には言い訳をするカッコ悪い自分しかいません。

謙虚さがないことで、幅や深さ、選択肢を知る機会を失ってしまうのです。

進める中で「落とし穴＝リスク」を察知し、「最悪」のイメージを広げることで、「全体像の把握」のしかたや視点に変化が起きます。

それを「自分創り」として楽しめると「回避」しやすくなります。

謙虚さがなく「落とし穴」に落ちたコトありませんか？自戒してますか？

3つの自戒 7-03

「自分のしあわせは、自分の心が決める」

心の核心で生きてるか？

「ありがとう」を

1日に何回言ってる⁉

本書の「自分創り」「自分売り」は相対する人との場面で活きるものばかりです。「おもてなし」の要素や、「意志」「貢献・承認欲求」を背景とした77のコトバのどれからも直結する「ひとつのコトバ」があります。

最初に挙げた「ありがとう」です。

「ありがとう」を言える環境、言われる環境にある自分は「しあわせ」です。その環境は自分の過ごしてきた過程なので、「しあわせ」は「自分」で創っているといえるのです。

それに気づけると、身の回りの新たな価値観や、謙虚な視点が生まれてきます。

その様な自分であれば、どんな小さなことにでも感謝し、「しあわせ」を感じる心が育ち、本書の多くのコトバを「自分」で支えていくことができます。

それが「自分創りの核心」です。

「与えられて、選んで、文句を言って、やらない・・・」様な人は「しあわせ」を感じる余裕がありません。「ありがとう」が自然に出てきません。

自分の型を守るのに一生懸命になり、方向性が違います。


心は相手の心に触れたときに柔軟になります。

心は相手を動かします。

心はテクニックに勝ります。

心のなさはすべてを格下げします。


さまざまな環境に感謝し、自分でも創り、居場所を創り、その中で意志を持って「なりたい自分創り」を進めることは、厳しくも心地良い「心」が溢れたコトではないでしょうか？

それを実感することが経験値や感度を高めていき、自然と相対する方への寄り添いや、背景の汲み取りにつながっていくのだと思います。

そこにはまた新しい「自分」があり、それが連鎖していくのです。

「ありがとう」が自分の心を創ります。

「自分のしあわせは、自分の心が決める」のです。


不安しかなくてもまずはやってみましょう。

やりきった感と今となってはの感覚は多くの「しあわせな自分」を感じることができるはずです。

うまくいかなかったなら、思いっきりやり直しましょう！

その先にはまた違った「輝く自分」がいるはずです！

「ありがとう」は万能です。一日に何回言っていますか？

まとめ1　77のコトバ一覧

第1章・・・自分創り

1. ありがとう
2. 素直さ
3. 本質・核心
4. おもてなし
5. 寄り添っているか
6. 寄り添いに気づくか
7. ひと手間
8. 先まわり
9. 人は変われる
10. 不安しかない
11. まずはやってみる
12. 想いはかなう
13. 輝く自分
14. やりきった感
15. 今となっては
16. やり直しはできる
17. ひとつひとつを大切に
18. あたり前の質
19. 人間力
20. 権利と義務

第2章・・・自分売り

1. 自分売り
2. 意志
3. 主体性
4. 覚悟
5. 執着心
6. 持ち物・武器
7. 一点突破
8. 貢献欲求・承認欲求
9. 取りに行く
10. 先のための今
11. 立ち位置・居場所
12. 一生懸命の方向性
13. 相手を動かす・巻き込む
14. 他人事は自分事
15. 場を活かす
16. 勝たないコミュニケーション
17. 伝達力・発信力・影響力
18. 引き出す
19. 水滴・波紋
20. 究極のお約束

第3章・・・全体像

1. 全体像の把握
2. 背景を知る
3. 与件整理
4. 大・中・小
5. 幅を知る
6. 深掘り・掘り下げ
7. 分からなかったら聞く
8. 行程管理
9. 品質管理
10. 予算管理
11. 情報感度
12. 解決力と創造力

第4章・・・出すべき結果

1. 出すべき結果
2. 目的達成意識
3. 戦略・戦術
4. ベーシックとインパクト
5. スピードと決定力
6. 選択肢と展開力
7. 結果の理由
8. 続く要素
9. 結果の下支え
10. 売れた理由
11. クレームはチャンス
12. 心はテクニックに勝る

第5章・・・5つの格下げ

1. 勝手に線を引く
2. 時間の切り売り
3. 手を加えない
4. 受け身
5. 心のなさ

第6章・・・5つの格上げ

1. 3つの視点
2. 群像の感覚
3. チャンス
4. 誰と仕事をしているのか
5. 成長・進化・継続

第7章・・・3つの自戒

1. わかっているは出来ている
2. わかっているは落とし穴
3. 自分のしあわせは、
自分の心が決める

まとめ2　「よく話すこと」

「変わる」って難しいよな。どうしても自分の想いや描いたストーリがあって、気分も都合もいろいろあって、分かっててもなかなかできないよな。

悪く言えば「我」なんだろうけど、それも社会の一部っていうか、お互い承認しあいながらやってるのも否めないよな。


そんな中で「変わる＝成長」って、やっぱり自分がどっかできっかけ創って動かないとできないよな。人にどうこうされることでもないし。


この前他のメンバーと話してた時に、とてもシンプルなコメントがあって、「季節が変われば着るものも変わる。環境に応じて自分が変わるのが実は自然なんだ」ってね。

いい例えだし、オレもとてもハラオチしたよ。

「だって完成品じゃないですから・・・」とも言ってってさ、「成長過程」を楽しんでる感じが応援したくなるね。（笑）

オレも含めて全員「成長過程」なんだよ。それを分かってるフリしないで、オープンに必死に努力をしていく姿ってカッコイイよな。勝手に自分も巻き込まれていく感じがするし、絵を描いてアドバイスしたりして。「やれやれ！」って感じ。

いつも言うけどさ、オレはみんなの責任取るぞ。だからな、中途半端じゃダメなんだよ。思いっきりやってダメなら笑って気持ちよく解決するよ。

ま、そういうやり方しな。

みんなそうやって「変わって」いくんだよ。オマエ、オレと仕事してるんだったら、ちゃんと責任取らせる仕事の仕方しろよ。（笑）

あと、変わるとか成長っていう時にはな、絶対「立ち位置・居場所」が基準で必要なんだよ。目指すところのどの辺に来てるのかが分からないと、頑張りも続かないだろ。

よく言われることだけど、

○意識してもできないコト。

○意識してできるコト。
○意識しないでできるコト。
大まかにここに分類しながら課題を見つけていくことができるといいよな。それが今の自分って分かるから、あとは方法を考えてやってみるしかないな。聞きながらでいいから、大中小で分けながら整理してごらん。面白いぞ。

やっぱりな、経験って大事でさ、どんなことでも人の厚みになるんだよ。特に失敗ね。これは大事。オレなんか失敗の塊だから。スゴイだろ！（笑）
解決策や謝り方、理不尽な場合の対応とかね、引き出しが増えるよ。

そうこうしてるうちに「何でもこい」になってきてさ、何とかしちゃうんだよな、無意識に。ある意味「究極のお約束」だな。

結局、頼られるって嬉しいだろ？応えられて「ありがとう！」って言われるともっと嬉しいだろ？　入口も出口もそこでしかないと思うんだよなぁ。

そこに「自分がいたからこそ」の結果だったらホントに自分売りだよね。

その時に、相手から机上論の丁寧語とお辞儀の角度でお礼言われるより、笑顔で全身で表現してくれた方が嬉しいよね。

だからオマエの良さで全力で「ありがとう!」って言えるのが一番強いと思うんだよなぁ。

そんな気持ちになる機会が多ければ、勝手に変わってくし、成長していくぞ。

オレはね、そんな環境を創ったり、軸になるコトバを並べてみたりしてるだけでさ、気づいて変わって成長していくのはオマエだからね。

こういう話もいずれオマエが後輩にする時がくるでしょ。楽しみだよな。

また明日からも自分売ってこい!! 見てるぞ!

がんばれよ!! ありがと!!

あとがき

いかがだったでしょうか？

各章の中でコトバや思考が循環し、章が進むにつれてより思考とリンクした具体的な行動が見えてきたと思います。

同時に、自分の輪郭や、私との間で共通の感覚が生まれてきたのではないでしょうか？

いつでもどのような状況でも使えるコトバばかりなので、様々なタイミングで拠りどころにして付き合っていただけたら良いかと思います。

内容的に特別なものは特になく、あたり前で一般的なことが多いので、楽しみながら自然に取り入れてください。

ここで、このコトバの背景と活用法をご紹介します。

元々はケータイショップの運営メンバーに対して作成した「運営ガイド1～3」という共通認識資料が始まりです。

実務寄りの考え方や販売思考やお店づくりなどのポイントが多く記載されているものです。２ケ月に一度、全メンバーで研修を実施しているので、繰り返しガイドに基づいてコミュニケーションを図ってきました。

それをポリシーとして位置づけ、徹底して実行することですぐに実績が向上し、軸があることの強さを皆で実感することができました。

それを機に、「私、もっと成長したいです！」というメンバーが表れました。

そこで徹底した成功事例をつくるため、「成長計画」として社内で「研修事務局」をつくり、そのメンバーと社内的なガイド類を充実させていくことにしました。

不安しかない、まずはやってみる・・・などを体感しながら物事が進んでいき、「おもてなしガイド」を一緒に仕上げました。

その内容はまさにそのメンバーが体験してきた「自分創り」であり、本書の基礎にもなっているものです。

時をほぼ同じくして、入社8か月目のメンバーと取り組んでいた「マナーガイド」も次第にカタチを成し始め、その数か月後には社内デビューを果たしました。プライドと共に取り組み始めるも、1年がかりで悔し涙を何度も流しながらの完成でした。

「おもてなしガイド」「マナーガイド」はそれぞれの成長計画の一環として全体研修での発表や、ポリシー創りとして大きな役割を持っています。

もちろんどちらも「机上論」は一つも書かれていません。それを飲みこむくらいの「自分創り」の内容です。

ここまでガイド類がラインナップされると、多くのキーワードが出てくるため、早朝勉強会のメンバー10人で重要（意識）度の高い言葉を選び始めました。

社内で飛び交うコトバを挙げたところ、実に約250語が出てきたことには驚き、日々いろいろなコトバを発しているものだと実感しました。

それぞれのコトバにポイント投票をし、上位１００語を集約したものが本書の主な内容でもある「感動ショップ１００のコトバ」です。

まさにポリシーの1冊ですが、コトバに対する私の解釈に加え、メンバーがそれぞれ好きなコトバに対して自己解釈を書き加えることで完成させています。

本来の業務以外でのことなので負担もあったと思いますが、会社の軸を一緒に創れたことは私としてもとても楽しい時間でした。

これらのコトバには流行もあれば、消費されるものもあります。やはり継続していくことは難しく、日常的に「気づき」を投入していかなければいけません。

そのために、全体研修ではこれらのコトバを身近にするための手法を繰返し実施しています。

例えば、１００のコトバを使った「かるた大会」や、「トークバトル」などゲーム要素も交えてみたり、コトバのそれぞれをどの程度自分のモノにできているかを図る「チェックシート」に記入し、プラスマイナスを補完できるメンバー同士で話す場をつくったりしています。

またポリシーに対しての習熟度合いを自己分析し、今後の「自分創り企画書」にする「ポリシー棚卸しの日」を設けるなど、様々な試みを繰返しています。

「共通言語」からの「行動基準」を共に育てていくことが、個々や会社を強くしていくと信じています。

また、これらのコトバをメンバーが実践していくうえで、「承認」と「指摘」を積極的にしています。個々の良さを汲み取りながら、その相手なりのガイドラインを創っていくことが重要だと思っています。

以上、あとがきの場を借りて背景と活用法を紹介させていただきました。

77のコトバを参考に果敢に「自分創り」をしていってください。

本書の内容をもとにした、私のコミュニティがあります。
セミナーや研修会、勉強会などを実施していますので、ぜひご登録ください。
「自分創り」中の多くの方とお話しやお会いできるのを楽しみにしています。

棚村社長のおもてなし思考が無料で学べます！
【無料メールマガジン】棚村流自分創り
～あたり前の質を上げるコソ練～
https://goo.gl/7YWHCJ

平成出版 について

本書を発行した平成出版は、基本的な出版ポリシーとして、自分の主張を知ってもらいたい人々、世の中の新しい動きに注目する人々、起業家や新ジャンルに挑戦する経営者、専門家、クリエイターの皆さまの味方でありたいと願っています。

代表・須田早は、あらゆる出版に関する職務（編集、営業、広告、総務、財務、印刷管理、経営、ライター、フリー編集者、カメラマン、プロデューサーなど）を経験してきました。そして、従来の出版の殻を打ち破ることが、未来の日本の繁栄につながると信じています。

志のある人を、広く世の中に知らしめるように、商業出版として新しい出版方式を実践しつつ「読者が求める本」を提供していきます。出版について、知りたい事やわからない事がありましたら、お気軽にメールをお寄せください。

book@syuppan.jp 平成出版 編集部一同

机上論のおもてなし不要論

平成29年(2017) 11月15日 第1刷発行

著 者 棚村 健司
発行人 須田 早
発 行 平成出版 株式会社

〒104-0061 東京都中央区銀座7丁目13番5号
NREG銀座ビル1階
マーケティング室／東京都渋谷区恵比寿南2丁目
TEL 03-3408-8300 FAX 03-3746-1588
平成出版ホームページ http://www.syuppan.jp
「スマホ文庫」ホームページ http://www.smaho.co.jp
メール: book@syuppan.jp

発 売 株式会社 星雲社
〒112-0005 東京都文京区水道1-3-30
TEL 03-3868-3275 FAX 03-3868-6588

出版プロデュース／若尾裕之 <(株)未来総合研究所 http://miraisoken.net>
編集協力／安田京祐、近藤里実
本文DTP／小山弘子
印刷／本郷印刷(株)